Volcanes

Por Lucy Floyd

CELEBRATION PRESS
Pearson Learning Group

Contenido

Erupción

En 1883, en una isla de Indonesia, hizo erupción un volcán llamado Krakatoa, produciendo una de las mayores explosiones que se hayan registrado en la Tierra. La explosión se oyó a una distancia de casi 3,000 millas. Cubrió las islas cercanas hasta con 200 pies de cenizas. Al terminar la erupción, sólo quedaba una tercera parte de Krakatoa.

¿Te has preguntado alguna vez qué es lo que hace que un volcán como el Krakatoa haga erupción? En este libro lo averiguarás. También podrás leer qué forma los volcanes, cómo afectan a la gente estas violentas formaciones, y cómo las estudian los científicos.

Esta ilustración muestra cómo se debió ver el volcán Krakatoa cuando hizo erupción en 1883. ▶

La vida de un volcán

El interior de la Tierra es tan caliente que algunas rocas sólidas se derriten para formar roca caliente líquida, llamada **magma**. Un volcán es una abertura en la capa externa o corteza de la Tierra, a través de la cual emerge el magma. El magma líquido contiene gases y sube hasta la superficie de la Tierra. Se acumula en un depósito llamado cámara magmática donde puede estar miles de años.

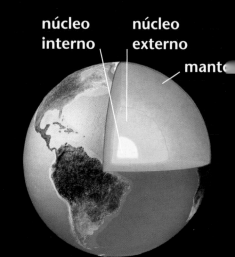

núcleo interno

núcleo externo

mant

▲ El magma es roca derretida que sube a la superficie de la Tierra desde el manto.

Dentro de un volcán

abertura volcánica

lava endurecida

magma

cámara magmática

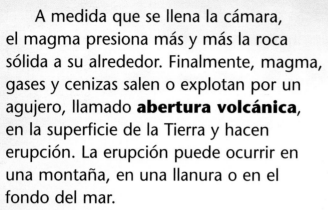

A medida que se llena la cámara, el magma presiona más y más la roca sólida a su alrededor. Finalmente, magma, gases y cenizas salen o explotan por un agujero, llamado **abertura volcánica**, en la superficie de la Tierra y hacen erupción. La erupción puede ocurrir en una montaña, en una llanura o en el fondo del mar.

Una vez que el magma sale por la abertura, lo llaman **lava**. Al enfriarse la lava, se endurece en forma de roca. Esta roca se puede acumular durante cientos de años y formar una montaña. Así se forman a veces las islas.

Esta lava fluye del volcán Kilauea, en Big Island, Hawai. ▼

La teoría **tectónica de placas** explica cómo se forman los volcanes. Los científicos creen que la corteza terrestre está hecha de inmensas planchas de roca llamadas placas. Las placas se desplazan o deslizan lentamente sobre roca parcialmente derretida. Los volcanes se forman en los bordes o límites donde se encuentran dos placas.

A veces las placas chocan unas con otras. Una placa puede entonces presionar hasta ponerse debajo de otra. Una parte se puede derretir con el calor de la Tierra. Otras veces, los bordes de las placas chocan entre sí y se deforman, lo que da lugar a una montaña. En ambos casos, puede despedir magma.

Placas de la Tierra

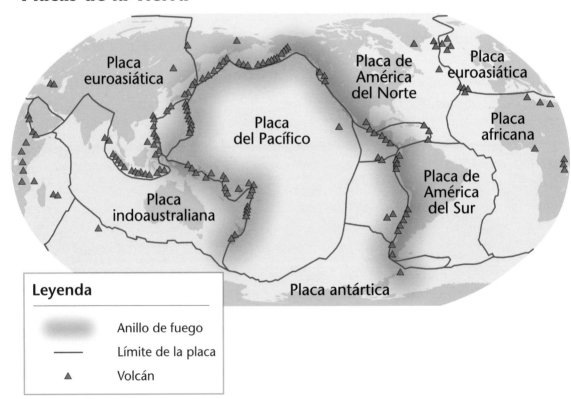

Leyenda

	Anillo de fuego
——	Límite de la placa
▲	Volcán

Las siete placas más grandes incluyen continentes y océanos.

Muchas placas chocan unas con otras en el océano Pacífico en un área llamada Anillo o Cinturón de fuego. Ésta es una de las zonas volcánicas más grandes del mundo.

Las placas también pueden alejarse. Esto sucede usualmente en el fondo del océano. Entonces el magma sube entre las placas. A veces esto crea cordilleras submarinas.

No todos los volcanes se encuentran en los bordes de las placas. Un volcán se puede formar encima de un **punto caliente**, que es una fuente de mucho calor en el manto, justamente debajo de una placa.

Las islas Galápagos son islas volcánicas que se formaron en un punto caliente en el océano Pacífico. ▼

Movimientos de las placas

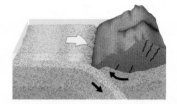

placas que chocan

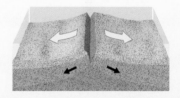

placas que se separan

Los volcanes hacen erupción porque la presión empuja el magma hacia la superficie. La manera en que un volcán hace erupción depende de la cantidad de vapor de agua y de otros gases que haya en la roca líquida. Si hay pocos gases, la erupción será tranquila. Si hay muchos gases, la erupción será violenta.

Es como la diferencia entre abrir una botella de jugo y una botella de gaseosa. El jugo no tiene mucho gas, hay pocas burbujas y casi no hace ruido cuando se abre la botella. Cuando se abre la botella de gaseosa, el gas encerrado en la botella sale haciendo mucho ruido. A veces el líquido burbujea y se derrama fuera de la botella.

Una erupción volcánica

gases, polvo y vapor de agua

ceniza

lava

abertur volcáni

magma

El monte Ruapehu es un volcán activo en Nueva Zelanda.

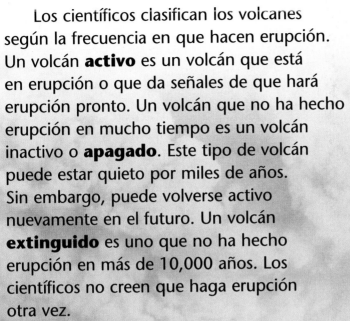

Los científicos clasifican los volcanes según la frecuencia en que hacen erupción. Un volcán **activo** es un volcán que está en erupción o que da señales de que hará erupción pronto. Un volcán que no ha hecho erupción en mucho tiempo es un volcán inactivo o **apagado**. Este tipo de volcán puede estar quieto por miles de años. Sin embargo, puede volverse activo nuevamente en el futuro. Un volcán **extinguido** es uno que no ha hecho erupción en más de 10,000 años. Los científicos no creen que haga erupción otra vez.

▲ El monte Garibaldi en Canadá hizo erupción hace cerca de 10,000 años.

▲ Este lago en Visoke, Ruanda, se formó en el cráter de un volcán extinguido.

Formaciones volcánicas terrestres

Las formaciones volcánicas terrestres se encuentran en muchos sitios del mundo, de formas y tamaños diferentes. Ayudan a cambiar la superficie del planeta. Cuando los volcanes hacen erupción, emiten cenizas, polvo, gases calientes, rocas y lava que cambian las características de la tierra a su alrededor.

Algunos volcanes forman montañas. Otros volcanes parecen casi planos. La forma del volcán depende del tipo de erupción. Las erupciones explosivas usualmente forman volcanes con laderas empinadas. Las erupciones suaves usualmente forman volcanes anchos y bajos. La frecuencia de las erupciones, y la acumulación de materiales alrededor del volcán, también afectan su forma.

El volcán Shishaldin, en Alaska, es un volcán compuesto.

▲ Cráter volcánico, llamado **caldera**, en Lanzarote, Islas Canarias.

Tipos de volcán

Volcán de fisura

Un volcán de fisura se forma cuando las placas se separan, permitiendo el escape de la lava por una rajadura o fisura.

Volcán en escudo

Un volcán en escudo se forma de lava que fluye suavemente en todas direcciones.

Volcán de domo

Un volcán de domo se forma cuando la lava tapa la abertura volcánica, se enfría y se rompe. La lava nueva cubre la lava enfriada, formando un domo o cúpula redonda.

Volcán de cenizas y escoria volcánica

Un volcán de cenizas y escoria volcánica se forma cuando las cenizas y otras materias sueltas y sólidas llamadas escoria volcánica, explotan desde la abertura volcánica.

Volcán compuesto

Un volcán compuesto se forma cuando varias capas de lava y cenizas se despositan. Es empinado cerca de la cima y más plano cerca de la base.

Volcán de caldera

Una caldera es un hueco gigantesco. Se puede formar cuando una cámara magmática se vacía y el volcán se derrumba.

Rocas y lava

Los volcanes producen rocas y lava que se acumulan en la superficie de la Tierra. Las **rocas ígneas** se forman del magma. Fragmentos de rocas ígneas pueden explotar desde la abertura volcánica durante una erupción. Llaman estos pedazos **piroclastos** o **tefra**. Algunos son más grandes que una pelota de béisbol. A estos fragmentos grandes se les llama bombas.

La tefra incluye también fragmentos más pequeños llamados lapilli, que significa "piedritas". Los fragmentos de ceniza son más pequeños que las piedritas. Los fragmentos de polvo son los más pequeños de todos.

Esta lava que fluye con rapidez la llaman lava pahoehoe.

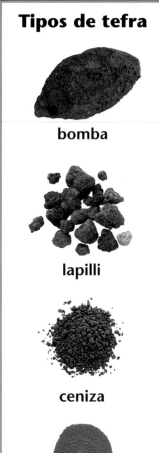

Tipos de tefra

bomba

lapilli

ceniza

polvo

La lava que fluye de un volcán es muy caliente. Puede estar a una temperatura de más de 2,000 grados Fahrenheit. Cuando la lava fluye sobre la superficie, se enfría y se endurece formando varios tipos de roca ígnea.

La lava líquida, que fluye rápidamente, forma pliegues lisos que parecen trenzados de cuerda. Llaman esta roca entera **pahoehoe**. La lava viscosa, que fluye lentamente, se endurece en roca afilada y dentada llamada **aa**. A veces la lava se funde en hebras vidriosas, tan finas como el cabello humano de hasta de seis pies de largo, llamadas cabello de Pele. Estos nombres vienen de la lengua hawaiana debido a los numerosos volcanes que hay en Hawai.

Arena negra

Puedes encontrar arena negra en algunas playas, como en Hawai y en Nueva Zelanda. La arena negra se formó cuando la lava llegó al océano y se hizo pedazos al hacer contacto con el agua fría. Con el tiempo, las olas hacen chocar estos pedazos unos contra otros y los hacen añicos, creando la arena negra.

pahoehoe

aa

cabello de Pele

Formaciones de lava poco comunes

La lava crea formaciones extrañas en muchas partes. Según la leyenda, unos gigantes construyeron la formación Giant's Causeway en el norte de Irlanda como un camino a través del mar. Sin embargo, los científicos dicen que es flujo de lava que al enfriarse se encogió, dando como resultado las columnas de seis lados que aparecen abajo en la fotografía.

Otra formación extraña es Devils Tower en Wyoming, Estados Unidos. Se formó cuando la lava se endureció dentro de la abertura de un volcán extinguido. Las laderas del volcán se desgastaron con el tiempo, dejando la lava al descubierto.

Devils Tower

Giant's Causeway

14

Los tubos de lava de Undara, Queensland, Australia, forman el sistema de tubos de lava más grande del mundo. Los tubos se formaron hace 190,000 años, cuando un volcán hizo erupción. La lava bajó por las laderas del volcán hasta los cauces de ríos secos. Al hacer contacto con el aire frío la parte exterior de la lava empezó a endurecerse. Mientras tanto, la lava caliente dentro de esta costra endurecida continuó moviéndose, formando un tubo hueco.

Hay muchas clases de formaciones volcánicas extrañas. Los árboles de lava se forman cuando la lava cubre un árbol. Cuando la lava continúa su camino, deja la forma del árbol.

▲ Esta fotografía fue tomada dentro de los tubos de lava de Undara, en el norte de Queensland, Australia.

Cerca del Mauna Loa, Hawai, la lava cubrió un árbol y se endureció. ▶

Volcanes submarinos

El fondo del océano es parecido a la superficie de la tierra firme. Hay llanuras, cordilleras, cañones y **fosas marinas**. También hay muchos volcanes. De hecho, hay probablemente más volcanes en el océano que en la tierra.

Los volcanes submarinos se forman de la misma manera que los volcanes sobre tierra. El magma se abre paso a la superficie del fondo del mar. La lava fluye por la abertura volcánica durante cada erupción y se enfría con el agua del mar. La lava se acumula gradualmente. El volcán puede finalmente salir sobre la superficie del mar para formar una isla. Así se formó Mauna Kea, en Hawai.

El fondo del océano

cordillera

isla volcánica

▲ Mauna Kea es la montaña más alta del mundo si se mide desde su base en el fondo del océano.

Las erupciones submarinas pueden ser violentas. Cuando entra agua en la abertura volcánica, encuentra magma caliente y se crea vapor. El agua hirviendo y humeante causa una explosión. La erupción ocurre con a veces centenares de pies de agua presionando encima.

La isla de Surtsey, cerca de Islandia, se formó por una erupción volcánica submarina. Dos placas en el océano Atlántico se separaron, causando la erupción. En 1963, la cima del volcán salió sobre la superficie del mar convirtiéndose en una nueva isla.

▲ La erupción que creó la nueva isla de Surtsey duró casi cuatro años.

fosa marina

volcán submarino

cañón

La vida cerca de los volcanes

Durante miles de años la gente ha vivido cerca de los volcanes. Por ejemplo, Ciudad de México, en México, una de las ciudades más grandes del mundo, fue fundada al pie de un volcán. Si los volcanes son peligrosos, ¿por qué vive la gente cerca de ellos?

Una razón es que la tierra cerca de los volcanes es muy fértil. Después de una erupción, la lava y las cenizas volcánicas se asientan. Los **minerales** y las sustancias químicas de la lava y de las cenizas gradualmente fertilizan la tierra y la hacen buena para la agricultura.

Más de 1 millón y medio de personas viven alrededor del Vesuvio, un volcán en el sur de Italia. Olivos, nogales, naranjos y limoneros prosperan en la rica tierra de esa zona. Los agricultores de El Salvador, Guatemala e Indonesia también aprovechan la tierra volcánica fértil.

Los agricultores siembran arroz en las tierras fértiles al pie del monte Merapi, un volcán activo de Java.

Los volcanes también ayudan a producir electricidad. Calientan las rocas que están cerca de la corteza terrestre. Cuando esas rocas calientan el agua subterránea, ésta se convierte en vapor. La gente usa el vapor para generar electricidad. Esta energía la llaman **energía geotérmica**. La energía geotérmica se considera energía limpia porque no contamina el aire ni el agua.

Países como Islandia, Nueva Zelanda y Japón han construido plantas para aprovechar el vapor de las fuentes de energía geotérmica. Las tuberías bombean el agua a través de las rocas calentadas de manera natural. El vapor que producen se envía a máquinas que lo convierten en electricidad.

Cerca de una planta geotérmica en Islandia, el agua calentada de manera natural es lo suficientemente tibia para nadar. ▼

Aunque haya ventajas a la vida cerca de un volcán, también puede ser riesgoso. Las erupciones volcánicas han destruido pueblos y bosques enteros. La lava caliente es un peligro. Las cenizas y los gases tóxicos también son nocivos. Las cenizas pueden bloquear algunos rayos solares, causando que baje la temperatura global. Pueden contaminar los ríos y matar las plantas. Los gases pueden contaminar el aire y dañar los bosques. A veces, también envenenan a la gente y a los animales.

Afortunadamente, hay científicos que estudian y observan los volcanes. Estos **vulcanólogos** ayudan a predecir erupciones futuras y los lugares que corren mayor riesgo. Esto significa que la gente que vive cerca de los volcanes puede tener un plan de acción para casos de emergencia.

Monte Pinatubo

Después que el monte Pinatubo, en las Filipinas, hizo erupción en 1991, aldeas enteras quedaron cubiertas de cenizas. Los vulcanólogos habían pronosticado la erupción. Aunque murieron cerca de 800 personas, más de 35,000 fueron evacuadas y se salvaron gracias a las advertencias.

◀ El monte St. Helens en Estados Unidos, destruyó más de 150 millas cuadradas de bosques cuando hizo erupción en 1980.

Vulcanólogos

Los vulcanólogos estudian los volcanes de diferentes maneras. Estudian las rocas y las cenizas de erupciones anteriores para averiguar la historia del volcán. Esto les sirve para predecir el comportamiento futuro de un volcán en particular.

Los vulcanólogos también estudian los cambios dentro y alrededor del volcán. Trazan mapas de su forma y tamaño. Comparan esta información con mapas anteriores para ver si el volcán ha crecido. También usan instrumentos especiales llamados sismómetros para estudiar los movimientos de la tierra o temblores alrededor del volcán. Examinan el tamaño de las grietas en la tierra. Un cambio dentro o alrededor de un volcán significa que puede ocurrir una erupción.

Varios vulcanólogos observan desde un helicóptero la erupción de un volcán en el Parque nacional de volcanes en Hawai.

Trabajar cerca de un volcán puede ser peligroso. Los científicos se protegen cuando recogen rocas, gases y lava para llevar al laboratorio. Usan máscaras de gas para no respirar gases venenosos. Se ponen guantes y cascos para recoger rocas calientes. También usan largas varas para recoger lava desde una distancia prudente.

Estudiar los volcanes nos ayuda a aprender lo que pasa en la profundidad del planeta. Los volcanes han estado más tiempo que los seres humanos en la Tierra. Podemos también aprender cómo se formaron los volcanes, y cómo pueden hacer erupciones en el futuro. Aprender a predecir las erupciones nos permitirá convivir con los volcanes con más seguridad.

Robots vulcanólogos

Los vulcanólogos han tratado de usar robots para recoger muestras del interior de los volcanes. Los primeros de estos robots, Dante I y II, se dañaron demasiado y no pudieron volver a usarlos. Sin embargo, los científicos esperan usar de nuevo robots para exploraciones en el futuro cercano.

Los vulcanólogos usan trajes a prueba de calor para recoger muestras de la lava caliente.

Glosario

aa — roca dentada que se forma de lava viscosa

abertura volcánica — un agujero por la cual hace erupción la materia volcánica

activo — un volcán que está haciendo erupción o que va a hacer erupción

apagado — un volcán que no hace erupción, pero que pudiera hacerla en el futuro

caldera — depresión, o hueco, inmenso que se forma cuando un volcán se derrumba

energía geotérmica — vapor que viene del interior de la Tierra y que se usa para producir calor y electricidad

extinguido — volcán que se cree que no volverá a hacer erupción

fosas marinas — grietas hondas y angostas en el lecho de los océanos, creadas por el movimiento de las placas de la Tierra

lava — magma que ha llegado a la superficie de la Tierra

magma — roca caliente y derretida que se encuentra en las profundidades de la Tierra

minerales — substancias naturales, formadas en la Tierra, que contienen nutrientes consumidos por los seres vivos

pahoehoe — roca lisa, en forma de cuerda, que se forma de la lava que se mueve rápidamente

piroclastos o tefra — fragmentos de roca que explotan en una erupción

puntos calientes — áreas muy calientes, lejos de los bordes de las placas, donde el magma que sube produce los volcanes

roca ígnea — tipo de roca formada de roca derretida que viene del interior de la Tierra

tectónica de placas — teoría que dice que la capa justo debajo de la superficie de la Tierra está dividida en pedazos enormes, llamados placas, que flotan sobre la roca parcialmente derretida

vulcanólogos — científicos que estudian los volcanes

Índice